DEPÔT LEGAL
Manche

AF224773

TITRÉS ET ANOBLIS

DU

PREMIER EMPIRE & DE LA RESTAURATION

DANS L'AVRANCHIN

PAR

M. Alfred DE TESSON

CAPITAINE DE FRÉGATE EN RETRAITE

PRÉSIDENT

de la Société d'Archéologie d'Avranches et de Mortain

AVRANCHES

IMPRIMERIE TYPOGRAPHIQUE ET LITHOGRAPHIQUE DE L'AVRANCHIN

18, Rue de la Constitution, 18

—

1907

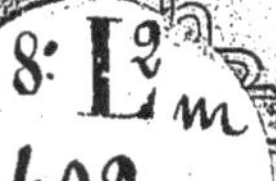

TITRÉS ET ANOBLIS

DU

PREMIER EMPIRE & DE LA RESTAURATION

DANS L'AVRANCHIN

PAR

M. Alfred DE TESSON

CAPITAINE DE FRÉGATE EN RETRAITE

PRÉSIDENT

de la Société d'Archéologie d'Avranches et de Mortain

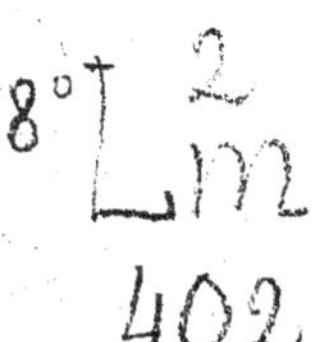
8° Lm² 402

AVRANCHES

IMPRIMERIE TYPOGRAPHIQUE ET LITHOGRAPHIQUE DE L'AVRANCHIN

18, Rue de la Constitution, 18

1907

Titrés et Anoblis du Premier Empire et de la Restauration

DANS L'AVRANCHIN

Nous avons fait connaître les principales familles ou les principaux habitants de l'*Avranchin* (élections d'Avranches et de Mortain), depuis l'an 1463, date de la première Recherche nobiliaire officielle, connue en Normandie, jusqu'en 1789.

Nous avons publié dans le Tome XV des *Mémoires : La Noblesse de l'Avranchin, d'après les Recherches officielles*. Ces Recherches sont celles de Montfaut, de 1463-64, pour toute la Normandie ; de Jean Guilloches, de 1523, pour le Mortainais ; de Roissy, de 1598-99 ; de d'Aligre, de 1634-35 ; de Chamillart, de 1666 et années suivantes, ces trois dernières pour toute la Généralité de Caen. Il n'y en eut plus ensuite. Ces Recherches des Commissaires royaux indiquent non seulement les familles reconnues nobles, mais encore celles qui furent déboutées de leurs prétentions, non justifiées, d'appartenir à la noblesse, et aussi celles, peu nombreuses du reste, qui étaient simplement exemptes de la taille ou privilégiées (1), sans être nobles pour cela. Nous avons fait un extrait et un résumé de toutes ces Recherches pour les élections d'Avranches et de Mortain.

Dans ses *Sources d'un* Nobiliaire de Normandie sérieux, encore à faire (2), M. Paul de Farcy dit, en indiquant les Recherches connues dans cette province : « Quoique toutes les familles n'aient pas paru à chaque maintenue, soit qu'il y eût des mineurs, des absents

---

(1) Pour les personnes non nobles, l'exemption de la taille était bien un privilège ; mais ce n'en était pas un pour les personnes nobles astreintes, exclusivement et à leurs frais, au service militaire. De plus, l'anobli payait, pour ses lettres de noblesse, une finance représentant le capital de l'impôt de la taille qu'il amortissait de la sorte, comme aujourd'hui on amortit une rente, en remboursant le capital. Ce n'était donc pas, en réalité, un privilégié au point de vue fiscal. Il avait surtout le privilège de payer l'impôt du sang.

(2) Nous ne comptons pas naturellement, comme tel, celui en deux volumes de Drigon dit de Magny (marquis pontifical) et celui de Saint-Allais, d'après Chevillard, qui est plutôt un simple Armorial de blasons.

au service du roi, soit par suite de fonctions dispensant de produire, soit enfin pour quelque cause particulière, il faut cependant reconnaître que ces diverses maintenues, se corroborant l'une l'autre, forment comme un vaste filet dont les mailles, de plus en plus étroites, laissaient passer peu de familles sans les atteindre. »

Dans le précédent volume des *Mémoires,* ou tome XIV, nous avions donné *in-extenso* cette Recherche de Jean Guilloches, élu de Mortain en 1523, d'après le manuscrit Y-3 de la Bibliothèque de l'Hôtel-de-Ville de Rouen. On ne connaît point, malheureusement, de Recherches semblables pour l'élection d'Avranches ; cependant il dut aussi y en avoir une. Nous attachions une importance particulière à cette Recherche de 1523, lui accordant la priorité, puisque la Recherche de Montfaut, de 1463-64, fut annulée par Louis XI, qui l'avait pourtant ordonnée, tant on la trouva défectueuse et incomplète. Nous avons publié cette Recherche de 1523 avec une préface explicative, surtout de la Charte des Francs-fiefs qui, pour la défense du territoire, continua la noblesse féodale par la noblesse inféodée ou quasi-féodale, et des notes faisant bien connaître les principales familles du Mortainais.

Dans le tome XIII des *Mémoires,* nous avons publié, pour les élections d'Avranches et de Mortain, un extrait du *Grand Armorial Général de France de 1696* pour la noblesse, le clergé et la bourgeoisie. Nous ne nous sommes pas contenté de reproduire tel quel le Manuscrit de la Bibliothèque Nationale, rempli d'incorrections, mais en regard du texte original et officiel nous avons mis toutes les rectifications indispensables. Dans ce même volume, nous avons aussi donné, à la suite, des extraits également annotés, des Mémoires inédits de l'Intendant Foucault, de la Généralité de Caen, concernant la noblesse des mêmes élections à la même époque. Cela nous a beaucoup servi pour l'identification des noms des personnes nobles portées dans l'Armorial, où elles sont le plus souvent indiquées sans aucune précision.

Dans le tome XV, nous avons encore donné la liste alphabétique des possesseurs de fiefs et des gentilshommes non possédant fiefs, des bailliages secondaires d'Avranches et de Mortain, convoqués à l'Assemblé générale du 16 mars 1789, à Coutances, pour l'élection des députés aux Etats-Généraux.

Trois ans plus tard, en 1792, on dressait la liste des biens des émigrés. Nous avons fait aussi connaître dans ce tome XV, les noms de ces émigrés et la situation de leurs biens dans les Districts d'Avranches et de Mortain. Nous avons trouvé, contrairement à ce que l'on croit généralement, deux fois plus de noms plébéiens que de noms aristocratiques, sans parler des prêtres, au nombre de 343, sur une seule liste déposée au presbytère du Luot.

Le 1er mars 1808, l'Empereur confirma la création des titres impériaux ; nous donnons ceux de l'Avranchin. Il faut entendre par là à présent, au lieu des élections, les arrondissements d'Avranches et de Mortain. L'élection d'Avranches se composait de 101 paroisses, dont 100 du diocèse d'Avranches et une (Cendres, supprimée à la Révolution) du diocèse de Dol. L'arrondissement d'Avranches comprend 124 communes. Granville, La Haye-Pesnel, chefs-lieux de cantons de cet arrondissement, étaient autrefois de l'élection de Coutances, dans le Cotentin. Villedieu-les-Poêles, autre chef-lieu de canton de l'arrondissement d'Avranches, était de l'élection de Vire, tout en étant du grand bailliage et du diocèse de Coutances. L'élection de Mortain se composait de 83 paroisses, dont 73 du diocèse d'Avranches et 10 du diocèse de Bayeux. L'arrondissement de Mortain comprend 74 communes.

On trouvera à la fin de nos articles ci-après, en chiffres romains : I et II, les tables alphabétiques des paroisses des élections d'Avranches et de Mortain ; III, celles des communes des arrondissements d'Avranches et de Mortain ; I et III, la table alphabétique des communes et paroisses des arrondissements d'Avranches et de Mortain, en dehors de l'ancien diocèse d'Avranches.

I. — Armorial, de 1696, des élections d'Avranches et de Mortain. — *Mémoires*, Tome XIII, p. 1 à 247.

II. — La Noblesse des élections d'Avranches et de Mortain, d'après les Recherches officielles. — Catalogue alphabétique, avec indication, à l'époque de chaque Recherche, des sieuries ou des seigneuries possédées et des paroisses habitées. — *Mémoires*, Tome XV, p. 1 à 64.

III. — Liste des biens des émigrés situés dans les districts d'Avranches et de Mortain, en 1792, etc. — *Mémoires*, Tome XV, p. 204 à 332.

Barons et Chevaliers du premier Empire

BÉCHEREL

François Bécherel, né à St-Hilaire-du-Harcouët, le 18 mars 1732, maître ès-arts de l'Université de Paris, où il demeurait, fut, sur la présentation du marquis du Quesnoy, nommé curé de Saint-Loup, pour remplacer celui qui était mort en 1768.

En 1789 il fut élu député aux Etats-Généraux par le clergé du diocèse d'Avranches.

Sans avoir un talent extraordinaire, M. Bécherel était, sous le rapport de la science, un peu au-dessus du commun. Il avait étudié en Sorbonne et accepté toutes les idées gallicanes qu'on y professait alors.

Au commencement de l'année 1791, les membres du clergé, qui faisaient partie de l'Assemblée nationale, furent invités à prêter serment à la Constitution civile du clergé. M. Bécherel le prêta.

Le mardi 22 février 1791, M. Bécherel, curé de Saint-Loup, député à l'Assemblée nationale, fut élu évêque de la Manche, à Coutances.

Il ne voulut jamais consentir à remettre ses lettres d'ordination, et, pour ce refus, fut écroué, en 1794, à la prison du Mont Saint-Michel. Mis en liberté par l'intervention d'un de ses parents, il se cacha et ne reparut guère qu'en 1797.

Le 15 août de cette année, il y eut à Paris une assemblée de 31 évêques constitutionnels, et M. Bécherel fut du nombre. A son retour dans la Manche, il reprit ses fonctions. Après le Concordat, le premier Consul lui ayant demandé sa démission, il la donna aussitôt. Il fut un des douze évêques constitutionnels que le Pape dut nommer à l'un des nouveaux sièges. S'étant rétracté, à la demande du Souverain Pontife, il fut nommé évêque de Valence.

François Bécherel, évêque de Valence, chevalier de la Légion d'Honneur, fut fait baron de l'Empire, avec transmission à l'un de ses neveux, par lettres patentes du 18 juin 1809.

Il mourut le 26 juin 1815.

ARMES : *De gueules à une croix d'argent; au franc-quartier à sénestre entouré d'une filière d'or : de gueules à la croix alézée d'or* (franc-quartier des barons évêques).

Ornements extérieurs de ce franc-quartier pour les barons évêques : Toque de velours noir retroussée de contre-vair, avec porte-aigrette en argent, surmonté de trois plumes, et accompagnée de deux lambrequins d'argent ; le tout posé sur la croix pastorale et surmonté d'un chapeau épiscopal de sinople avec cordons du même, entrelacés et terminés chacun par six houppes, 1, 2, 3.

DE CARBONNEL DE CANISY

Sur le procès-verbal de l'Assemblée générale des trois ordres du bailliage de Coutances, le 16 mars 1789, pour l'élection des députés aux Etats-Généraux, figure au bailliage secondaire d'Avranches comme noble possédant fief :

Léonor-Claude de Carbonnel, comte de Canisy.

Il était seigneur de La Lucerne (1) près de La Haye-Pesnel. Il est marqué absent, représenté par Jean-Louis de Carbonnel, chevalier, baron de Marcey.

C'est ce Léonor-Claude de Carbonnel de Canisy, époux d'Henriette de Vassy, des seigneurs de la baronnie de Brécey, qui fut le père du baron de l'Empire : lettres patentes du 9 septembre 1810 pour Louis-Emmanuel de Carbonnel de Canisy, marié à sa nièce du même nom, écuyer de l'Empereur, premier écuyer du roi de Rome, officier de la Légion-d'Honneur.

La famille de Carbonnel est de race chevaleresque, mais Napoléon Ier ne reconnaissait que sa noblessse impériale et affublait de ses titres tous ceux qui se ralliaient à lui.

La seigneurie de Canisy (aujourd'hui chef-lieu de canton de l'arrondissement de Saint-Lo), avait été érigée en marquisat par lettres patentes de décembre 1619, mais elle passa, par alliances successives, des Carbonnel aux Faudoas, et de ceux-ci aux Kergorlay.

Sur le procès-verbal dont nous venons de parler, on trouve au

---

(1) C'est bien La Lucerne (*de lucus*, bois), qu'il faut dire et écrire et non La Luzerne, toute petite paroisse du canton de Saint-Lo. Il ne faut donc pas confondre la famille de La Luzerne, originaire du Bessin, avec celle des seigneurs de La Lucerne, dans le Cotentin. Les derniers seigneurs qui portèrent le nom de La Lucerne étaient des Bricqueville

bailliage secondaire de Saint-Lo : le comte de Faudoas, marquis de Canisy ; mais le même titre était resté honorifique pour les Carbonnel (1).

La seigneurie de La Lucerne qui avait été apportée en dot à un de La Paluelle, de Saint-James, passa aussi, par mariage, de la famille de La Paluelle à un Carbonnel de Canisy.

Aujourd'hui, le château moderne de La Lucerne est habité par la comtesse de Canisy, veuve de Henri, petit-fils de l'Ecuyer de l'Empereur, capitaine de cavalerie mutilé de la guerre de 1870-71, chevalier de la Légion d'Honneur, dont Mlle Henriette de Carbonnel de Canisy.

ARMES : *D'azur à trois besants d'hermine, 2, 1 ; au franc-quartier à sénestre : de gueules au portique ouvert à deux colonnes surmontées d'un fronton d'argent, accompagné des lettres initiales D. A.* (Domus Altissima) *du même* (Baron, officier de la Maison de S. M. l'Empereur).

Le signe ou ornement extérieur de ce franc-quartier était une toque de velours noir, retroussée de contre-vair, avec porte-aigrette d'argent, surmonté de trois plumes, et accompagnée de deux lambrequins d'argent (Baron militaire ou autre).

ARMES HÉRALDIQUES VÉRITABLES : *Coupé de gueules et d'azur à trois besants d'hermines, 2, 1.*

FRAIN

Joseph Frain naquit le 10 juillet 1758, à Avranches, où il exerça les fonctions de médecin et dont il fut maire. Sous la Terreur, devenu l'agent national du District, il se signala par son jacobinisme et par ses *fameuses lettres de recommandation.* Nous nous contenterons de citer la dernière que nous ayons vue de lui, laquelle le fera suffisamment connaître :

---

(1) Dans la crypte de l'ancienne église de Canisy se trouve inhumé Hervé de Carbonnel, marquis de Canisy, lieutenant-général, gouverneur des ville et chasteau d'Avranches, chevalier du Saint-Esprit, décédé en 1625, âgé de 67 ans, veuf d'Anne de Goyon de Matignon, fille du maréchal Goyon de Montignon, comte de Torigny.

Avranches, 15 ventose l'an 2ᵐᵉ de la République Une et Indivisible (5 Mars 1794). (1)

Liberté, Egalité, Unité et Indivisibilité de la République

L'Agent national près le District d'Avranches aux citoyens composant la
Commission militaire établie a Granville

Je vous adresse le nommé *Gerard;* je n'ai aucunes pièces contre lui, mais interroges le, il vous avouëra qu'il a servi dans l'armée des rebelles ; c'est le hazard qui m'a fait découvrir qu'il existait encore ; voici son histoire :

Ce Gerard faisait partie de l'armée des Brigands il était logé pendant leur sejour à Avranches chez le citoyen Majorel. L'un et l'autre vinrent à l'administration le jour même de l'arrivée de l'armée de *Sepher*, dont le citoyen *Laplanche* dirigeait les mouvements ; Gerard déclara qu'il avait toujours désiré quitter cette armée, qu'il n'avait pu en trouver les moyens, qu'ils s'étaient présentés à Avranches, et qu'il s'était empressé de les saisir ; cette déclaration fut même, autant que je peux me le rappeler, consignée sur une feuille volante, nos registres n'étaient pas encore arrivés de Granville, elle fut remise au citoyen Laplanche, plusieurs brigands furent arrêtés, mis en prison et par ordre du représentant et du grand prevost *fusillés* le lendemain. J'avais lieu de penser que ce Gerard avait *fait le pas* avec les autres ; j'apprends, il y a deux jours, qu'il existe encore *je m'empresse de vous l'envoyer*.....

Salut et Fraternité,

Frain.

Faisant preuve de sentiments plus justes et plus humains que l'Agent national, la Commission militaire de Granville elle-même, instituée pourtant par Le Carpentier, acquitta ce Hyacinthe Gérard, âgé de 42 ans, de *Guer* (district de Ploërmel), ancien ouvrier peintre qui, pris par les Vendéens à Varades, lors de leur passage de la Loire, avait été par eux amené à Avranches où ils l'avaient, en partant, oublié. Suivant l'expression de Frain, il n'avait *pas sauté le pas* lors des exécutions sommaires [que l'armée républicaine avait accom-

---

(1) Les Vendéens étaient partis de Granville le 25 brumaire an II (15 novembre 1793), à midi, après l'attaque qui n'avait duré que vingt-huit heures.

plies à Avranches] des *blessés* et *traînards* de l'armée vendéenne, laissés derrière elle dans sa retraite.

L'Empereur ne fit pas moins de Joseph Frain un chevalier de l'Empire, sous la dénomination de la Touche, par lettres patentes du 12 novembre 1809, et un baron, par nouvelles lettres du 31 décembre 1809. Il avait été nommé Chevalier de la Légion d'Honneur et préfet des Ardennes.

N'ayant pas constitué de majorat, son titre était tout personnel, non transmissible à sa descendance.

ARMES : *D'azur à la branche de chêne d'argent, glandée de même, chargée d'une fasce crénelée aussi du même, maçonnée de sable ; à la bordure de gueules chargée d'une croix d'argent à cinq doubles branches sans ruban ni couronne* (signe des chevaliers légionnaires).

Les ornements extérieurs des armoiries impériales, pour un chevalier, étaient une toque de velours noir, retroussée de sinople et surmontée d'une aigrette d'argent.

Ecartelé : au 1ᵉʳ d'azur au vaisseau d'argent, accompagné à dextre en chef d'une étoile d'or ; au 2ᵉ, un franc-quartier à sénestre, de gueules à la muraille crénelée d'argent, surmontée d'une branche de chêne du même (barons préfets) ; *au 3ᵉ, d'or à cinq diamants d'azur, 2, 1, 2 ; au 4ᵉ, d'azur à deux chevrons d'or surmontés de deux croissants d'argent.*

Le franc-quartier d'un baron militaire ou autre devait être surmonté, comme signe ou ornement extérieur, d'une toque de velours noir, retroussée de contre-vair, avec porte-aigrette d'argent, surmonté de trois plumes, et accompagnée de deux lambrequins d'argent.

GRAINDORGE

Le général baron Graindorge (Jean-François), est né à Saint-Pois (aujourd'hui chef-lieu de canton de l'arrondissement de Mortain), le 1ᵉʳ juillet 1770.

Voici du reste son acte de baptême, trouvé dans les registres paroissiaux de Saint-Pois, au Greffe du Tribunal de Mortain, ceux de la commune ayant été brûlés pendant la Révolution :

« Le 3 juillet 1770, a été baptisé par nous, vicaire soussigné, Jean-François de Graindorge, né du 1ᵉʳ juillet, fils de François-Alexandre de Graindorge, écuyer, et de demoiselle Marie-Magdelaine Bourdon, ses père et mère, demeurants en cette paroisse, et a été nommé par Robert-Philippe Bourdon, propriétaire, demeurant en la paroisse de Husson (canton du Teilleul) et aïeul dudit enfant, accompagné d'Elizabeth-Charlotte Le Monnier, tante dudit enfant et demeurant dans la paroisse du Mesnil-Gilbert (canton de Saint-Pois). Le parrain et la marraine ont signé avec nous ».

(Suivent les signatures).

Le général, dont le père avait le titre d'écuyer, appartenait donc sans doute à la famille Graindorge, anoblie en 1577, dans la personne de Richard, de la paroisse de Sainte-Opportune (1), élection de Falaise, au bailliage de Caen.

Ce Richard Graindorge, fameux marchand de bœufs du pays d'Auge, fut anobli en vertu de l'édit de 1576, avec pour armoiries : *d'azur à trois trèfles d'or* (ANOBLIS EN NORMANDIE, par l'abbé Lebeurier, N° 66). Dans le NOBILIAIRE DE NORMANDIE, de Chevillard, ces armes sont devenues : *d'azur, au chevron d'argent, accompagné en chef de deux lionceaux affrontés d'or, et en pointe d'une gerbe de trois épis d'orge du même.* Pareillement, dans l'ANNUAIRE DE LA NOBLESSE de 1881, où les Graindorge d'Orgeville, barons de Mesnil-Durand, ont leur généalogie, p. 151. M. Borel d'Hauterive, directeur de cet Annuaire, les fait bien descendre directement de Richard Graindorge, l'anobli de 1577.

En 1789, on trouve au bailliage d'Alençon, pour le bailliage secondaire d'Argentan : Jean de Graindorge, baron du Mesnil-Durand (2), et, au bailliage de Caen, Graindorge de Chicheboville (3).

---

(1) Saint-Opportune. aujourd'hui de l'arrondissement de Domfront, canton d'Athis.

(2) Le Mesnil-Durand, arrondissement de Lisieux, canton de Livarot (Calvados). Le château de la famille, tombée en quenouille, est appelé « Balthazar ».

Il y avait autrefois un autre Mesnil-Durand dans l'arrondissement de Saint-Lo et le canton de Saint-Jean-de-Daye ; il était jadis de la sergenterie du Hommet, dans l'élection de Carentan. Ce Mesnil-Durand fait aujourd'hui partie de la commune de Pont-Hébert. En tant que paroisse, il est desservi par le curé d'Esglandes, dont la paroisse fait aussi partie de la commune de Pont-Hébert.

(3) Chicheboville, arrondissement de Caen, canton de Bourguébus (Calvados).

Jean-François Graindorge entra au service en 1791, comme lieutenant, lors de la formation du 1er bataillon des volontaires de l'Orne. Il fut fait général de brigade en 1805, et baron de l'Empire, par lettres patentes du 29 septembre 1809. Il mourut le 1er octobre 1810, à Carquejo (Portugal), des blessures qu'il avait reçues en combattant, le 27 septembre, à la bataille de Busaco. Son nom est, d'ailleurs, inscrit sur les tables de bronze du palais de Versailles, parmi ceux des officiers généraux tués à l'ennemi. Il figure aussi sur l'Arc de Triomphe de l'Etoile, côté Ouest.

ARMES : *D'azur, au chevron d'argent, accompagné en chef de deux lions affrontés d'or, armés et lampassés de gueules, et, en pointe, de trois épis d'orge d'or, noués de gueules ; au franc-quartier à sénestre : de gueules à l'épée haute en pal d'argent* (franc-quartier des barons militaires).

Ce sont les armes véritables de la famille, avec en plus ce franc-quartier des barons militaires, orné extérieurement d'une toque de velours noir, retroussée de contre-vair, avec porte-aigrette d'argent, surmonté de trois plumes, et accompagnée de deux lambrequins d'argent.

HAMEL

Luc-Barthélemy-Marie Hamel, baron de l'Empire, par lettres patentes du 16 mai 1813 ; député au Corps législatif (1803-1815 et 1847-1848), membre du Collège électoral de la Manche, maître des requêtes ; né à Granville, le 20 juillet 1774, fils de Luc Hamel, capitaine de navire et bourgeois de Granville.

ARMES : *Ecartelé : aux 1er et 4e d'azur au chevron d'or, accompagné de deux étoiles en chef et, en pointe, d'un croissant, le tout d'or ; au 2e, un franc-quartier à sénestre : de gueules à la branche de chêne en bande, d'argent* (signe des barons membres des Collèges électoraux); *au 3e, d'or au chevron d'azur accompagné de trois têtes de bélier, coupées de sinople, accornées d'argent.*

Le franc-quartier d'un baron militaire ou autre devait avoir pour signe ou ornement extérieur une toque de velours noir, retroussée de contre-vair, avec porte-aigrette d'argent, surmonté de trois plumes, et accompagnée de deux lambrequins d'argent.

LEGENDRE (d'Harvesse)

François-Marie-Guillaume Legendre naquit le 1er novembre 1766, à Cormeray (dans le canton de Pontorson).

Voici ce que dit de lui, dans sa monographie de Reffuveille, l'abbé Masselin, qui fut curé de cette paroisse :

« Le sieur Charles Moulin (curé intrus) était resté seul à Reffuveille jusqu'au mois d'avril 1792. A cette époque on lui donna un vicaire, et ce vicaire fut François-Marie-Guillaume Legendre, dont il est nécessaire de parler un peu. Né à (Cormeray), François-Guillaume Legendre avait fait une partie de ses études, puis avait embrassé la carrière militaire. Libéré du service et de retour dans sa famille au commencement de l'année 1792, il songea à se faire prêtre, et la facilité avec laquelle M. Bécherel admettait aux ordres tous ceux qui se présentaient, l'engagea à mettre son projet à exécution. Il se présenta à M. l'Evêque de la Manche, et reçut de lui la tonsure et les ordres mineurs le 2 mars 1792, le sous-diaconat le lendemain, le diaconat le 24 mars et la prêtrise le 7 avril. Les lois de l'Eglise ne permettent pas des ordinations si rapides ; il faut, en pareil cas, que le Pape accorde dispense d'interstices. Pour conserver la forme, M. Bécherel accorda lui-même ces dispenses, comme cela est noté dans le registre de ses Ordinations (1). Dès qu'il fut prêtre, M. Legendre fut élu vicaire de Reffuveille (2) et y arriva vers la mi-avril 1792. Son premier acte est du 23 avril. Il avait alors 28 ans. C'était aussi l'âge de son curé, dont il se montra le digne émule. Tous deux s'entendirent à merveille et remplacèrent le chant des cantiques ordinaires de l'Eglise par celui de la *Marseillaise*. Tous deux étaient ardents patriotes ; il y avait cependant cette différence que le sieur Legendre ne se montra jamais persécuteur ; il empêcha même son curé de continuer à user des moyens violents dont il s'était servi jusque-là pour faire assister les fidèles à ses offices. Par suite, quoique sa conduite n'eût rien de sacerdotal et ne lui conciliât l'estime de personne, il jouit cependant d'une certaine popularité. Mais son séjour à Reffuveille ne fut que d'une année. Au commencement de 1793, lorsque

---

(1) On appelait ces ordinations les fournées de Bécherel.

(2) L'église de Reffuveille était alors située à la limite de La Chapelle-Urée, au pied du coteau de la Grande-Epelengère ou du Bois-Adam, en cette dernière paroisse. Elle a été abattue vers 1846. Celle qui la remplace se trouve près de la grande route d'Avranches à Mortain.

le décadi eut remplacé le dimanche, M. Legendre, ennuyé du rôle qu'il jouait depuis un an, se souvint de son ancien métier et résolut de le reprendre. Il se rendit à l'église, un jour que les patriotes y célébraient le décadi, monta dans la chaire et adressa aux assistants ces paroles qui ont été conservées textuellement :

« Citoyens de Reffuveille, vous pouvez regarder ce que je vous ai
» dit jusqu'à ce jour comme de la poudre de niais. Je veux mainte-
» nant un autre rôle ; je vais consacrer ce qui me reste de force et de
» courage à la défense de la patrie en danger. Venez, braves jeunes
» gens qui m'écoutez, venez vous ranger avec moi sous les drapeaux
» de notre bonne République, et, en signe de notre dévouement,
» crions ensemble : Vive ! Vive la République ! »

Cette harangue eut un bon effet et rendit un grand service à la paroisse de Reffuveille, car elle détermina dix ou douze jeunes gens, des plus turbulents et des plus exaltés, à partir avec lui ».

Voilà une page de la vie du général Legendre qui, probablement, n'est guère connue.

Assez triste prêtre, l'ex-abbé Legendre fut très bon soldat, passa par tous les grades et devint le général Legendre. Il fut créé baron de l'Empire, par lettres patentes du 27 novembre 1808.

M. Hippolyte Sauvage lui a consacré une notice dans le Tome VII de la *Revue de l'Avranchin,* p. 585.

Il mourut à Saint-Germain-en-Laye, le 24 avril 1828. Nous avons inséré son acte de décès dans le Tome VIII de la *Revue de l'Avranchin,* p. 441. On l'appelle M. F.-M.-G. Legendre, baron d'Harvesse, commandeur de l'Ordre royal de la Légion d'Honneur, chevalier de l'Ordre royal militaire de Saint-Louis, maréchal de camp retraité, âgé de 64 ans 5 mois, veuf en premières noces de Thérèse-Jeanne Fouque, et époux en deuxièmes de dame Jeanne Pariès.

On ne lui connaît pas de postérité.

ARMES : *D'azur à la tour d'argent sénestrée d'un lion grimpant d'or, armé d'une épée haute du même ; au franc-quartier à sénestre : de gueules à l'épée haute en pal d'argent* (franc-quartier des barons militaires).

Ce franc-quartier devait avoir, pour signe ou ornement extérieur, une toque de velours noir, retroussée de contre-vair, avec porte-aigrette d'argent, surmonté de trois plumes, et accompagnée de deux lambrequins d'argent.

LEPAIGE DORSENNE

Sur son acte de décès, à Avranches, 21, rue de la Constitution (1), le 22 décembre 1855, Edme-Charles-Louis Lepaige, baron Dorsenne, est dit : colonel en retraite, maréchal de camp honoraire, chevalier de Saint-Louis, commandeur de la Légion d'Honneur, âgé de 83 ans 1/2, étant né à Ducey, le 25 juin 1772, fils d'Edme-Claude Le Paige Dorsenne et de Suzanne-Louise Foisil, de la famille de notre confrère M. Henri Foisil, maire d'Isigny-le-Buat et conseiller général de la Manche.

Il fut fait baron de l'Empire, par lettres patentes du 3 juin 1811.

Il avait laissé un bras sur un des champs de bataille du premier Empire.

Il fonda un prix de Vertu. « Je veux, disait-il, dans sa donation du 20 mai 1851, que chaque année, le jour anniversaire de ma mort, il soit, à perpétuité, fait don de trois cents francs à un jeune homme non marié, né à Avranches ou y demeurant au moins depuis cinq années et appartenant à la classe ouvrière, âgé de 17 à 24 ans, et qui, dans les années précédentes, aura été remarqué par son assiduité au travail et par sa bonne conduite. »

Ce prix est donc décerné, à la fin de chaque année, par le Conseil municipal d'Avranches.

En commémoration du généreux donateur, le glorieux mutilé, la rue perpendiculaire à la rue de la Constitution, en face de ce N° 21, a été débaptisée de son nom de Duhamel pour prendre celui de Dorsenne.

ARMES : *Coupé : au 1er, parti d'azur à trois lions d'argent et de gueules à l'épée haute en pal d'argent* (franc-quartier, à sénestre, des barons militaires) ; *au 2e, d'argent à la tour crénelée de cinq pièces, donjonnée d'une tourelle crénelée de trois pièces, le tout de sable, ouvert, ajouré, maçonné et soutenu du même.*

Signe ou ornement extérieur au-dessus du second parti, *de gueules à l'épée haute en pal d'argent,* constituant le franc-quartier à sénestre des barons militaires :

Une toque de velours noir, retroussée de contre-vair, avec porte-aigrette d'argent, surmonté de trois plumes, et accompagnée de deux lambrequins d'argent.

---

(1) Mlle Zoé de Verdun acheta cette maison et y mourut le 17 avril 1883, à l'âge de 97 ans.

MILLET

Dans la Bibliographie trimestrielle de la *Revue de l'Avranchin,* Tome VII, p. 570, nous avons ainsi résumé un article de M. Alexandre Adam, sur le général baron Millet, paru dans les *Mémoires* (1894-1895) de la *Société nationale académique* de Cherbourg.

Fils d'un notaire aisé de Sourdeval - la - Barre, Théodore-Jean-François Millet naquit le 15 septembre 1776, dans cette petite ville du Mortainais. Engagé volontaire, à peine âgé de 17 ans, il obtenait l'épaulette de lieutenant cette même année 1793. Il était colonel depuis le 17 décembre 1809 et chevalier de la Légion d'Honneur, lorsqu'il fut créé baron par décret impérial du 2 mars 1811. Ses états de service portent les mentions de six blessures. Il mourut à Sourdeval, le 15 février 1819. Charlotte Toepffer, sa compagne, née à Waldenbourg (Silésie Prussienne), le 16 mars 1791, décéda à Avranches dans le sein de l'Eglise catholique, le 2 août 1857. L'une des plus belles voies de la ville de Sourdeval porte le nom du général. Un vitrail artistique, posé au côté sud de la nef de l'église, rappelle aussi son souvenir. Une inscription indique que sa tombe était près de là, vis-à-vis cette fenêtre, dans l'ancien cimetière par lequel passe maintenant la route.

Ajoutons qu'il fut fait officier de la Légion d'Honneur, le 6 août 1811 ; général de brigade, le 28 juin 1813 ; chevalier de l'Ordre royal et militaire de Saint-Louis, le 4 octobre 1814 (états de service communiqués par M. Léonce Josset, son petit-fils, à Mortain).

Parmi les enfants du général baron Millet, nous citerons :

Fritz Millet, né à Sourdeval-la-Barre en 1816, peintre, élève de l'école des Beaux-Arts, dont notre Musée, incendié le 17 décembre 1899, possédait *Bethsabée* (1845).

Charlotte Millet, épouse d'Eugène Méquet, retraité vice-amiral, mort à Mortain en 1887.

Emma Millet, épouse de Louis Josset, père de Henry Josset, notre confrère, avocat à Mortain, et de Léonce Josset qui épousa, en 1882, Mlle Jeanne de Bailliencourt, fille de M. de Bailliencourt, dit Courcol, qui fut maire de Mortain et notre vice-président d'honneur pour cet arrondissement, décédé le 30 mars 1900, dans sa 80ᵉ année.

ARMES : *D'azur à la bande cousue de gueules chargée d'une croix d'argent à cinq doubles branches sans couronne* (signe des chevaliers légionnaires ; chevalier 1810) *et accompagnée en chef de trois grenades allumées d'argent, 2, 1, et en pointe d'un lion passant d'or.*

Même armes que ci-dessus : *au franc-quartier à sénestre : de gueules à l'épée haute en pal d'argent* (baron, 1813).

Ce franc-quartier devait avoir, pour ornement extérieur, une toque de velours noir, retroussée de contre-vair, avec porte-aigrette d'argent, surmonté de trois plumes et accompagnée de deux lambrequins d'argent (signe extérieur des barons militaires).

PERRÉE dit PERRÉE-DUHAMEL

Pierre-Nicolas-Jean Perrée-Duhamel naquit à Granville, le 8 avril 1747, fut fait chevalier de l'Empire, par lettres patentes du 20 juillet 1808 ; négociant-armateur, député du bailliage de Coutances aux Etats-Généraux, au Conseil des Anciens et au Tribunat, conseiller maître en la Cour des Comptes, commandeur de la Légion d'Honneur, mort à Paris le 16 novembre 1816.

ARMES : *D'argent à l'ancre bouclée d'azur ; à la fasce brochante de gueules chargée d'une croix d'argent à cinq doubles branches sans couronne* (signe des Légionnaires).

Ces armoiries devaient avoir pour ornement extérieur une toque de velours noir, retroussée de sinople et surmontée d'une aigrette d'argent (signe des Chevaliers).

REGNAULD

Jacques-Mathieu Regnauld naquit à Granville, le 8 mai 1762. Il était fils de Mᵉ Jacques-Jean Regnauld, avocat, et de demoiselle Jeanne-Angélique de la Rüe. (Extrait des registres paroissiaux granvillais).

Il commandait en 1804 une des divisions de la flottille de Boulogne, comme capitaine de frégate. Il fut fait chevalier de la Légion d'Honneur à la suite de l'affaire de la nuit du 3 octobre 1804.

Nommé, en 1809, capitaine-de-frégate-major de l'équipage des marins de la grande armée, il se distingua à Wagram en traversant le Danube à la tête de l'avant-garde, sous le feu de l'ennemi, avec le bateau-canonnier *Le Rivoli.*

Fait chevalier de l'Empire par lettres patentes du 30 juillet 1840.

Nommé capitaine-de-vaisseau-colonel des marins de l'armée, il fait, à la tête de cette troupe, les campagnes d'Espagne et de Portugal, puis prend part à la campagne de France dans la Garde Impériale.

Ces renseignements nous ont été fournis par M. R. du Coudrey, artiste peintre et secrétaire de la Société *Le Pays de Granville*, petit-fils de Louis-Jean Fougeray du Coudrey, marié à une sœur du capitaine-de-vaisseau-colonel Regnauld.

ARMES : *D'azur à la fasce de gueules chargée d'une croix d'argent à cinq doubles branches sans couronne* (signe des Légionnaires), *accompagnée en chef d'une épée, posée en fasce, d'or, et, en pointe, d'une frégate soutenue d'une mer d'argent et surmontée en chef de deux étoiles du même.*

Ces armoiries devaient avoir pour ornement extérieur une toque de velours noir, retroussée de sinople et surmontée d'une aigrette d'argent (signe des Chevaliers).

TESNIÈRE DE BRÉMENIL

Jean-Victor Tesnière de Brémenil (1763-1811), écuyer, conseiller du roi, lieutenant-général civil et criminel du bailliage, maire de la ville d'Avranches et président du Tiers-Etat (on lui donne évidemment le titre tout personnel d'écuyer, rien qu'à cause de ses fonctions), fut député par le Tiers-Etat du bailliage d'Avranches pour l'élection à Coutances, le 16 mars 1789, des députés des trois ordres aux Etats-Généraux (1).

Elu député de la Manche en 1807, conseiller général et président du Collège électoral, il fut créé baron de l'Empire, sur institution de majorat, par lettres patentes du 18 juin 1809.

Son nom a été donné par la ville d'Avranches à l'une de ses rues (2).

La terre de Brémenil est située à Plomb.

ARMES : *Ecartelé : aux 1ᵉʳ et 4ᵉ d'argent à trois quintefeuilles de gueules, boutonnées d'or, 2, 1 ; au 2ᵉ (formant le franc-quartier à sénestre des barons propriétaires) : de gueules à l'épi en pal d'argent ; au 3ᵉ, d'argent à trois tourteaux de sable, 2, 1 ; sur le tout, d'azur à une croix ancrée d'or.*

---

(1) Voir ce que nous avons dit dans le Tome XV des *Mémoires*, p. 315.

(2) Voir ce que nous avons dit à ce sujet dans la *Revue de l'Avranchin*, Tome XII, p. 430.

Ce franc-quartier devait avoir pour ornement extérieur une toque de velours noir, retroussée de contre-vair, avec porte-aigrette d'argent, surmonté de trois plumes, et accompagnée de deux lambrequins d'argent (signe extérieur des barons militaires et autres).

D'autres titrés du premier Empire, n'appartenant pas à l'Avranchin, y ont eu des descendants. Nous citerons :

D'EYSSAUTIER

Bélisaire-Hippolyte-Louis-Joseph d'Eyssautier, né à Arras, le 31 mai 1794, marié à Avranches, à Justine de Gaallon, fille de Charles-Emile-Joseph de Gaallon et d'Anne-Françoise Belle-Etoile du Motet.

Ils habitèrent, au N° 1 de la rue Belle-Etoile, la maison où se trouve actuellement la Direction des Postes et Télégraphes.

Il y mourut en 1862 et sa veuve en 1873.

Il était fils de Pierre-Louis-Barthélemy d'Eyssautier, chevalier de l'Empire, par lettres patentes du 29 septembre 1809, colonel d'artillerie, officier de la Légion-d'Honneur, chevalier de Saint-Louis, né à Saint-Venant (Pas-de-Calais), mort à Antibes, et de Marie-Eugénie Fransure.

Bélisaire d'Eyssautier et Justine de Gaallon eurent une fille unique : Aline d'Eyssautier, mariée, le 4 septembre 1861, à Paul de Tailfumyr de Saint-Maixent.

Pour expliquer ce nom de Tailfumyr, d'apparence étrangère, on parlait d'origine hongroise. L'Armorial Général de Rietstap dit cette famille originaire de Lorraine, anoblie en 1597 : *de gueules, à trois têtes de lion d'or, rangées entre deux fasces d'argent* (1). En comparant les deux noms, on voit qu'il a suffi d'une bien légère modification dans le graphique du nom indiqué par l'Armorial pour faire le nom prétendu hongrois.

Dans le catalogue des Gentilshommes du Maine, du Perche et du Thimerais, qui ont pris part ou envoyé leur procuration aux assemblées de la noblesse pour l'élection des députés aux Etats-Généraux

---

(1) Sur le vitrail donné par la famille de Saint-Maixent à l'église Saint-Saturnin, ce sont des bandes au lieu de fasces.

de 1789, on trouve p. 24, de T... (nom estropié pour commencer), chevalier, seigneur de Saint-Maixent (1).

L'*Annuaire de la Noblesse* de 1862 dit, p. 391, au Nobiliaire de Provence, que la famille Eissautier est originaire de Barcelonnette et issue de Pierre Eissautier, qui servait sous Henri IV. Elle possédait les seigneuries du Cartier, de Blégiers et de Chanole. Armes : *D'azur à trois fasces ondées d'argent ; au chef d'or, à trois roses de gueules, rangées en fasce.*

ARMES du chevalier de l'Empire. — Parti : *Au 1er, d'azur à trois fasces ondées d'argent, au comble d'or chargé de trois quintefeuilles de gueules, tigées et feuillées de sinople ; au 2e, d'argent à la fasce de gueules, chargée de trois besants d'or ; le tout soutenu d'une champagne de gueules chargée d'une croix d'argent à cinq doubles branches sans couronne* (signe des Légionnaires).

Le signe ou ornement extérieur de ces armoiries était une toque de velours noir, retroussée de sinople et surmontée d'une aigrette d'argent.

PONCET

Le baron Arthur Poncet, qui mourut à Paris, le 9 septembre 1847 (*Annuaire de la Noblesse* de 1848, p. 350), est le fondateur, à Saint-Martin-des-Champs (2), du château de Baffé, que couronnent du reste ses armoiries ; mais la mort ne lui permit pas de voir le complet achèvement de ce qu'il avait fondé près d'Avranches.

Né à Châlon-sur-Saône, en 1817, il obtint confirmation du titre de baron, légué par son grand-oncle, général de brigade et préfet de l'Empire, (3) mort en 1825. C'est donc probablement lui que l'on trouve dans le *Dictionnaire des anoblis* de Bachelin-Deflorenne, avec le titre de baron en 1842.

Il épousa Mlle Agathe Ladureau, née à Paris en 1825, petite-fille

---

(1) Saint-Maixent était l'ancien chef-lieu du Bas-Perche. C'est aujourd'hui une commune du canton de Montmirail, dans l'arrondissement de Mamers (Sarthe).

(2) L'église, le cimetière et le presbytère de Saint-Martin-des-Champs se trouvaient, avant la Révolution, enclavés dans la paroisse de Saint-Saturnin d'Avranches, entre les rues actuelles de Saint-Martin et du Séminaire. Nous avons encore entendu appeler le boulevard du Sud : Chasse Saint-Martin.

(3) Antoine-François Poncet, baron de l'Empire, sans lettres patentes, sur promesse de constitution de majorat, par décret impérial du 2 janvier 1814.

de M. François-Victor Bunel (1769-1845), qui fut receveur général du département de la Manche, et qui n'eut pour héritiers qu'un fils et cette petite-fille.

M. François-Victor Bunel acquit de Mme Hubert, née Delaplace, le château de Lillemanière, à Saint-Quentin, et fit bâtir, sur le boulevard de l'Est, l'hôtel, entre cour et jardin, qui porte le N° 47, et les deux maisons, N°s 45 et 49, qui ont leur façade sur ce boulevard et bordent cette cour d'honneur. Il fit aussi bâtir le gentil pavillon de briques, entouré d'un parterre, qui porte le N° 6 de la rue Duhamel, aujourd'hui rue Dorsenne, où il mourut au commencement de l'année 1845. Ce pavillon lui servait sans doute de pied à terre, quand il venait de Lillemanière à Avranches.

Devenue veuve, la baronne A. Poncet épousa, en secondes noces, M. Médéric du Bouëxic de la Driennays (1) et mourut, à la fin de 1903, à Baffé, où réside son mari survivant, âgé aujourd'hui de 85 ans. Baffé est devenu la propriété de leur fille, épouse du colonel du Cor.

Le beau parc de Baffé, gracieusement ouvert au public par l'extrême amabilité de ses châtelains, fait une agréable promenade pour les Avranchais.

ARMES. — L'écu du baron Arthur Poncet, au château de Baffé, est sculpté sur le fronton d'une haute et large mansarde centrale méridionale. Il est « *Parti : au 1er, d'azur à la fasce d'or accompagnée en chef d'une flèche d'argent, la pointe tournée à dextre, et, en pointe, d'une ancre du même ; au 2e, d'argent, à la bande accompagnée de deux molettes d'éperons, le tout de gueules, au chef du même chargé de deux épées d'or lamées d'argent passées en sautoir.* » L'écu surmonté d'un tortil de baron et accosté de deux griffons pour supports.

Il s'agit donc, dans l'espèce, d'un écu simple, mais divisé en deux partitions, et, nullement, comme on l'a dit à tort, d'un écu double, c'est-à-dire composé de deux écus distincts, mais accolés, indiquant des armes d'alliance.

---

(1) On lit dans les *Mémoires de la Noblesse de Bretagne*, par le R. P. Toussaint de Saint-Luc, Carme de Bretagne (1691) :

La Drianays, sur les confins de l'évêché de Saint-Malo vers Redon, *vicomté* l'an 1658, en faveur du sieur du Bouëssic de la Drianays, *d'argent à trois sapins de sinople*.

Le baron Arthur Poncet était fils d'une de la Rüe de Beaumarchais, ayant pour armoiries : « *d'azur, au chevron d'or, accompagné de trois têtes d'aigle d'argent* », (Tome XI, p. 172, du *Nobiliaire universel de France*, par Saint-Allais).

Le premier *Party* de son écu, à Baffé, reproduit, à peu de choses près, les armes données sous la Restauration audit général et préfet de l'Empire, Antoine-François Poncet du Maupas (terre et domaine de l'arrondissement de Châlon-sur-Saône, institués en majorat, lettres patentes du 19 avril 1817) : « *d'azur, à la fasce d'or, accompagnée en chef d'une épée haute en pal d'argent, et, en pointe, d'une ancre du même.* » (Cf. le *Vicomte Révérend*, tome cinquième, p. 397. Celui-ci ne fait point connaître d'armes antérieures ou de l'Empire). On peut donc aussi bien supposer que le second *Party* représente les armes de la baronnie. Cela s'est vu quelquefois. Dans notre *Armorial de l'Avranchin*, de 1696, nous avons cité les Doynel, qui avaient leurs armes propres, et celles de leur marquisat de Montécot, entièrement différentes. En tout cas, les molettes d'éperons et les épées convenaient bien au général titulaire de cette baronnie.

TRAVOT

La baronne Travot, née Le Lubois de Marsilly (veuve du général de division Travot (1), né à Poligny (Jura), le 7 janvier 1767, créé baron de l'Empire, par lettres patentes du 3 février 1813), acquit de M. Angot, ancien député, la propriété de Chantore, à Bacilly, en 1841, c'est-à-dire l'année même où le Conseil municipal d'Avranches donna le nom d'Angot à une place, en mémoire des services qu'il avait rendus au pays, tant comme homme public que comme homme privé. Il avait lui-même acquis cette propriété de la veuve Ernault de Chantore, en 1813.

Chantore fut revendu, en 1868, par le baron Travot, qui en avait hérité (2) à M. Genreau, ancien Avocat général à la Cour d'appel de Paris, notre confrère, mort le 23 février 1906, à Paris.

---

(1) Le général Travot, ayant été adjudant-général sous Hoche, dit le *Pacificateur de la Vendée*, a sa statue à La Roche-sur-Yon.

(2) Dans les Tomes II et III des *Mémoires* de notre Société, parus en 1859 et 1864, on trouve sur la liste des membres titulaires : le baron Travot, ancien officier, à Bacilly.

ARMES : *Ecartelé : au 1ᵉʳ, d'argent à une charrette renversée en fasce de sable, soutenue de sinople ; au 2ᵉ (formant le franc-quartier à sénestre des barons militaires de l'Empire), de gueules à l'épée haute en pal d'argent ; au 3ᵉ, d'or à une branche de laurier de sinople ; au 4ᵉ, d'azur à une tour d'or, ouverte et ajourée de sable.*

Le franc-quartier des barons militaires était complété, à l'extérieur, par une *toque de velours noir*, retroussée de contre-vair, avec porte-aigrette d'argent, surmonté de trois plumes, et accompagnée de deux lambrequins d'argent.

Une baronne veuve de militaire portait : *un écusson en abîme d'argent à l'épée en pal renversée d'azur.*

Le signe extérieur des armoiries des baronnes de l'Empire était deux palmes d'argent, nouées, en sautoir, d'un ruban de pourpre, entourant l'écu.

Par quelques-uns des exemples qui précèdent, on peut juger de la complication, ridicule et de mauvais goût, des blasons impériaux.

Les vrais héraldistes, — avec M. Auguste Tailhades, — ceux qui *savent* encore le Blason, se refusent à reconnaître l'Art impérial, parce qu'il viole à dessein toutes les lois du Moyen-Age : l'Ecu d'Armes y est surchargé de partitions, comme pour allier entre eux des Pennons antiques, alors qu'une extrême et superbe simplicité s'imposait, au contraire, à une noblesse brillante et neuve. Des quartiers et des pièces, ornés de meubles modernes, marquent, *dans l'intérieur même de l'Ecu* — quelle hérésie ! — les grades et les dignités !...

Anoblis et titrés de la Restauration

BOUILLON (DE LA LORERIE)

Jean-Baptiste-François Bouillon, sieur de la Lorerie, docteur en médecine, maire de Mortain (1792-1830), fut anobli par lettres patentes du 30 juillet 1819.

Nous avons cité Bouillon de La Lorerie, docteur-médecin, au nombre des députés à particule, de l'ordre du Tiers-Etat, choisis par les différentes communautés et assemblés à Mortain, le 5 mars 1789. — Tome XV des *Mémoires*, page 316.

Né à Barenton le 19 août 1743, mort à Mortain le 20 juillet 1830, il épousa Mlle de Billeheust du Champ du Boult (1), dont un fils unique marié à Sidonie d'Estanger.

Sa postérité est tombée en quenouille.

ARMES : *D'azur, à deux fasces d'hermines.*

DELAHUPPE ou DE LA HUPPE DE LARTURIÈRE

I

Jean-Jacques-Marie de la Huppe de Larturière (2), chef de bataillon, maire de Brécey (1818), chevalier de Saint-Louis, fut créé chevalier héréditaire par lettres patentes du 31 août 1819. Né à Brécey, le 25 septembre 1773, mort au manoir de la Douetée, à Vernix, à la limite de Brécey et du Petit-Celland, le 10 octobre 1865, il épousa Adèle du Quesnoy, fille du marquis, dont le fils qui suivra.

Sous le titre, *Le Dernier Chouan*, M. Oscar Havard lui a consacré un article dans *Le Soleil* du mardi 16 octobre 1906. Il réunit des matériaux afin de nous en donner un plus complet pour la *Revue de l'Avranchin*. Son nom de guerre était Bellavidès.

II

Edmond-Jules de la Huppe de Larturière épousa Marie-Stéphanie de Pennart, dont :

III

Ernest-Emmanuel de la Huppe de Larturière, né en 1842, marié le 24 juin 1875, à Laure de France, dont le fils qui suivra.

(Ils résident ensemble au château du Houx, à Mortain. Sur notre Liste des biens des émigrés situés dans l'Avranchin, en 1792, nous voyons que la terre du Houx avait été confisquée sur Louis-Philippe d'Orléans, comte de Mortain. — (Tome XV des *Mémoires,* page 210).

IV

Jean-Joseph de la Huppe de Larturière, notre confrère, né à Miniac (Ille-et-Vilaine), le 18 septembre 1877, résidant alternativement au château du Houx ou à celui de Brécey.

ARMES : *De gueules, au paon d'or passant.*

---

(1) Le Champ-du-Boult est une commune de l'arrondissement de Vire, canton de Saint-Sever (Calvados).

(2) Ce Jean de Larturière était le fils du président de l'élection d'Avranches qui fut député par le Tiers-Etat, pour se rendre à Coutances, en 1789. (Tome XV des *Mémoires,* page 315).

EPRON DES JARDINS

Jacques Epron-Desjardins ou des Jardins (1766-1830), né à Granville, capitaine de vaisseau, chevalier de Saint-Louis, officier de la Légion d'Honneur, fut anobli par lettres patentes du 16 décembre 1815. Il est mort à Saint-Servan. Il était le frère aîné de Louis-Jacques Epron de la Horie, qui suit, et fut anobli en même temps que lui.

ARMES : *D'azur, au mât alézé d'argent, à la voile du même, chargée de la lettre M de sable et accosté de deux étoiles d'or.*

EPRON DE LA HORIE

Louis-Jacques Epron, puis Epron de la Horie (1768-1841), né à Granville, capitaine de vaisseau, officier de la Légion d'Honneur, chevalier de Saint-Louis, fut anobli, en même temps que son frère qui précède, par lettres patentes du 16 décembre 1815, et autorisé à ajouter à son nom « La Horie » par ordonnance du 25 juin 1817. Il mourut à Saint-Nicolas-près-Granville, laissant pour fils :

Louis-Jacques Epron de la Horie (1811-1864), né à Granville, marié en 1843 à Mlle Couraye-DuParc, sœur de notre confrère, M. Jules Couraye-DuParc ; mort à la Horie.

De cette union, une fille unique : Mlle Marie-Julie-Mathilde Epron de la Horie, née à Granville en 1850, mariée aussi à Granville en 1870, à notre confrère, M. de Lomas, ancien magistrat. Ils demeurent au château de la Horie, en Saint-Nicolas-près-Granville.

ARMES : *Les mêmes que ci-dessus.*

DE GUITON

La famille de Guiton est d'ancienne extraction chevaleresque, mais c'est par lettres patentes du 28 octobre 1826 que sa terre des Guitons, à Saint-James, fut élevée au titre de vicomté.

I

Gilles-Anne-René de Guiton de la Villeberge (à Montanel), page du Roi de la grande écurie, lieutenant de la Compagnie de Soubise, né à Montanel, le 20 août 1749, fut créé vicomte héréditaire sur institution de Majorat. Il avait épousé, le 17 mai 1779, Anne-Andrée du Quesnoy, fille du comte du Quesnoy, aide-major aux gardes françaises, et d'Anne de Verdun.

II

Crescent de Guiton, vicomte de Guiton de la Villeberge, né le 10 avril 1781, mort à Montanel le 8 avril 1873, épousa, le 23 juillet 1828, Pauline-Etiennette de Carbonnel de Canisy, morte au château de Bonnefontaine, à Antrain, le 17 février 1895, dont le fils unique qui suivra.

M. le vicomte de Guiton de la Villeberge avait le goût de l'archéologie et de l'histoire locale. Dans les Tomes I et IV de nos *Mémoires*, nous voyons des articles de lui sur le château de Charruel, à Sacey, et sur celui de Montaigu, à Montanel.

III

François de Guiton, vicomte de Guiton de la Villeberge, né au château de Montanel, le 11 juin 1832, maire d'Antrain, marié en 1857 à Françoise Hay des Nétumières.

ARMES : *D'azur, à trois carsèques* ou *angons d'argent*, 2, 1.

L'angon était l'ancien fer de lance à deux crochets des guerriers francs, qui devait plus tard devenir la fleur de lis. Le savant évêque Huet dit, en parlant des vitraux de la chapelle Saint-Jean, de la cathédrale d'Avranches :

> Là, je vois des Guitons,
> Les trois gentils angons.

HUGON

Gaud-Amable Hugon, né à Granville, le 31 janvier 1783, fils d'un négociant armateur, s'engagea à l'âge de 12 ans, sur un bâtiment de l'Etat, y servit en qualité de mousse et de novice, et fut pris par les Anglais qui le gardèrent pendant quatorze mois. Aspirant en 1798, enseigne en 1805, de nouveau prisonnier à la suite d'un combat de quatre heures, soutenu contre des forces supérieures, lieutenant de vaisseau en 1810, capitaine de frégate en 1819, il ne prit qu'une part secondaire aux événements maritimes de la République et de l'Empire ; mais, sous la seconde Restauration, il contribua à la réorganisation de la marine. En 1825, il fut nommé capitaine de vaisseau et appelé, l'année suivante, au commandement de l'île de Gorée. En 1827, il se signala à la bataille de Navarin où, commandant l'*Armide*, il coula à fond la frégate turque *Lisagnan*, et, par ses manœuvres brillantes, excita l'admiration et les applaudissements des Anglais. Aussi, lors de l'expédition d'Alger, fut-il chargé de la direction générale des 500 transports qui accompagnaient les navires de guerre. Il mérita les éloges de Duperré pour les services qu'il rendit lors du débarquement. Nommé contre-amiral en 1831, il reçut le commandement de l'escadre de Toulon, destinée à former la station du Levant, et rendit d'importants services au commerce européen, en purgeant l'archipel des pirates qui infestaient ces parages. En 1840, il commanda l'escadre envoyée dans les eaux de Constantinople pour contrebalancer l'influence de l'Angleterre et de la Russie, et à la suite de cette expédition, il reçut le brevet de vice-amiral. Employé depuis à des travaux de réorganisation intérieure, il devint successivement membre du Conseil d'amirauté et vice-président de la Commission supérieure, instituée pour examiner les questions relatives à la construction, l'organisation et l'armement des bateaux à vapeur. Admis dans le cadre de réserve et grand-croix de la Légion d'Honneur en 1851, puis sénateur en 1852, il est mort à Paris le 1er décembre 1862. (*Les Gloires maritimes de la France,* par Levot, conservateur de la Bibliothèque du port de Brest, et Doneaud, professeur d'histoire et de littérature à l'Ecole navale).

Il avait été créé baron, à titre personnel, par lettres patentes du 4 juin 1830.

ARMES : *D'argent, au chevron d'azur, accompagné en chef d'un pavillon de gueules, le bâton sommé d'un croissant du même, à dextre et à sénestre d'une proue de sable, ornée d'une tête d'Armide du même, et, en pointe, d'une ancre aussi de sable.*

HUGON (Le Tourneur)

Par son testament, l'amiral Hugon légua son nom et son titre au petit-fils de sa sœur : Désiré Le Tourneur, officier de marine. Ce titre était personnel ; mais l'Empereur voulut que la volonté du glorieux marin fût accomplie, et deux décrets impériaux le sanctionnèrent. Désiré mourut capitaine de frégate en 1874, âgé de 47 ans, laissant un fils, Charles, troisième baron Hugon, ancien officier de marine à Granville, père de trois garçons.

LAIGRE de GRAINVILLE

La famille Laigre de Grainville, originaire de la Mayenne, a été anoblie et autorisée à instituer un Majorat, au titre de baron, par lettres patentes du 16 novembre 1828, ce qui n'empêche pas Laigre de Grainville (on ne donne pas ses prénoms) de figurer comme seigneur des Loges-Marchis, sur le catalogue des Gentilshommes de Normandie qui ont pris part ou avaient le droit de prendre part aux assemblées de la Noblesse pour l'élection des députés aux Etats-Généraux de 1789, publié d'après les procès-verbaux officiels, p. 40.

Cela donne raison, une fois de plus, à notre théorie que pour être convoqué et admis à ces assemblées, point n'était besoin d'être réellement noble ; il suffisait simplement d'être possesseur de fief. (Tome XV des *Mémoires*, p. 292).

Paul-Evremond Laigre de Grainville (fils de l'anobli de Vaucé, Mayenne), substitut puis procureur du roi, démissionnaire en 1830, né à La Chaize, aux Loges-Marchis, près Saint-Hilaire-du-Harcouët, le 18 juin 1790, mort à Caen, le 18 juin 1864, épousa Célestine Guesdon de Beauchesne, dont il eut les deux fils qui suivent :

1° Hippolyte, dit le baron Laigre de Grainville, qui avait épousé Mlle de Banville, au château du Rosel, à Frênes, près Tinchebray, arrondissement de Domfront (Orne), où il mourut en 1856.

2° Henry-Evremond Laigre de Grainville, officier de cavalerie, lieutenant-colonel des mobiles de la Manche (en 1870-71), chevalier de la Légion d'Honneur, né en 1830, mort à Arcachon le 6 janvier 1892, marié deux fois.

La première à Marie Perrin, dont postérité.

La seconde, à Avranches, le 18 mai 1881, à Marie-Louise Payen de Chavoy, sans postérité.

Ce dernier acquit, en 1874, le château de Parigny (ancienne résidence seigneuriale des de Saint-Germain et de Lorgeril), habité aujourd'hui par sa veuve.

ARMES : *D'argent, au lion de gueules, la tête contournée, à la cotice d'azur brochante et chargée de quatre croisettes d'or.*

LE BRUN DE BLON

Blon est une terre de la commune de Vaudry, près Vire. Blon est aussi le nom d'une petite terre de Neuville, prise pour l'emplacement de la gare de Vire.

Jean-Baptiste-Michel-Casimir Le Brun de Blon, gendarme, puis garde-du-corps du roi, officier au régiment royal Navarre-Cavalerie (1789), lieutenant-colonel, chevalier de Saint-Louis, fut anobli par lettres patentes du 18 mars 1815. Il était né à Vire, le 17 mars 1754, mais il eut un fils, Marie-Emilien, qui épousa Mlle Clouard de la Fauconnière, du Bois-Tirel, au Mesnil-Bœufs (1). Ce sont eux qui ont réédifié cette demeure, mais elle a été vendue par leur fils en 1880, à la famille Gaudin de Villaine. Cette acquisition a beaucoup contribué, sans doute, à faire croire qu'au Bois-Tirel était l'ancien château seigneurial du Mesnil-Bœufs, aujourd'hui détruit. Au XVIIIe siècle et jusqu'à la Révolution, les seigneurs du Mesnil-Bœufs furent les Tesson du Pontesson et les Gaudin du Plessis (2), et les seigneurs du Bois-Tirel étaient les de la Faucherie. Voir ce que nous avons déjà dit, avec plus de détails, à ce sujet, dans le Tome XIII des *Mémoires,* pages 362-365.

ARMES : *Coupé de gueules et d'or, au lion de l'un en l'autre.*

LE COUPÉ

Louis-Jean-Baptiste Le Coupé (1772-1840), né à Granville, capitaine de vaisseau en 1816, fut créé baron par ordonnance du 17 septembre 1822, puis fait contre-amiral en 1829, commandeur de la Légion d'Honneur, chevalier de Saint-Louis. Mort à Paris.

Marié à une veuve, il n'a pas laissé de postérité.

M. Le Coupé, receveur des Douanes en retraite, à Regnéville, âgé aujourd'hui de 82 ans, neveu de l'amiral, doit être le dernier du nom.

ARMES : Inconnues.

LE HUREY

Isaac-Julien Le Hurey, né à Saint-James le 10 mai 1757, sous-préfet d'Avranches de 1812 à 1816, chevalier de la Légion d'Honneur, fut anobli par lettres patentes du 11 novembre 1815.

ARMES : *D'argent, à la fasce de gueules chargée de six annelets d'or enlacés deux à deux, et accompagnée en chef d'une hure de sanglier de sable, défendue d'argent, et en pointe d'une levrette courant aussi de sable.*

---

(1) Ils moururent au Bois-Tirel en 1876 et 1879.
(2) Le Plessis, à la Godefroy.

LE MENGNONNET

Pierre-François Le Mengnonnet (1775-1846), né à Granville où il fut négociant armateur, fut anobli par lettres patentes du 11 novembre 1815 et mourut à Notre-Dame-de-Cenilly (arrondissement de Coutances, canton de Cerisy-la-Salle).

Il avait épousé une demoiselle Le Barois d'Orgeval, dont le fils unique qui suit :

Arthur Le Mengnonnet (1817-1880), avocat, maire de Granville, où il était né et où il mourut sans alliance.

ARMES : *De gueules, au vaisseau d'or, soutenu d'une mer d'argent; au chef d'azur, chargé de trois étoiles d'argent.*

LE PELLEY DU MANOIR, I

Pierre-Etienne-René-Marie Le Pelley du Manoir, comte Lepelley du Manoir, dit le comte Dumanoir-Lepelley, né à Granville le 2 août 1770, contre-amiral en 1779, commandeur de la Légion d'Honneur, commandeur de Saint-Louis, fut créé comte héréditaire par lettres patentes du 2 décembre 1814 ; mort à Paris en 1829, sans alliance.

ARMES. — *Coupé : au I d'argent, au vaisseau équipé d'azur ; au II parti : a) d'azur, à la croix d'argent cantonnée aux 1ᵉʳ et 4ᵐᵉ cantons d'une aigle éployée d'or ; aux 2ᵐᵉ et 3ᵐᵉ d'une étoile d'argent ; b) d'or, au dextrochère armé de sable, mouvant du flanc sénestre et tenant une épée du même.*

Ces armes sont très compliquées. La première partie du *coupé* rappelle sa carrière maritime. La seconde, à dextre, les armes des de la Pigannière, nom de sa bisaïeule et aïeule du vice-amiral Pléville-Le Pelley, fille d'un vicomte d'Avranches, et, à sénestre, approximativement celles de Granville.

LE PELLEY DU MANOIR, II

Charles-Jean-Marie-Armand Le Pelley du Manoir, vicomte Le Pelley du Manoir, dit le vicomte Dumanoir-Lepelley, frère du précédent, né à Granville le 23 décembre 1776, capitaine de frégate en 1816, chevalier de Saint-Louis, chevalier de la Légion d'Honneur, fut créé vicomte héréditaire par lettres patentes du 5 février 1816 ; mort à Port-Royal (Martinique) en 1824.

ARMES : *D'azur, à la croix d'argent cantonnée aux 1er et 4me d'une aigle éployée d'or ; aux 2me et 3me d'une étoile d'argent.*

Les de la Pigannière portaient : D'azur, à la croix d'or, cantonnée, aux 1er et 4me, de deux aigles d'argent ; aux 2me et 3me, de deux étoiles de même.

Ces deux frères Le Pelley du Manoir, titrés comte et vicomte, étaient les neveux, à la mode de Bretagne, du vice-amiral, Ministre de la Marine, que l'on a appelé Pléville-Le Pelley.

Dans le Tome XII de la *Revue de l'Avranchin*, p. 208, nous avons donné un extrait des registres de l'état-civil de Granville pour bien établir qu'il était né en cette ville, le 16 juin 1726 ; que son nom patronymique était Le Pelley et que son père portait le titre de sieur de Pléville. Le vice-amiral Ministre de la Marine Pléville-Le Pelley (1726-1805) eût donc dû être appelé plutôt Le Pelley de Pléville ou Le Pelley-Pléville. Il fut Ministre de la Marine en 1797-1798 et sénateur en 1799.

Il dit, dans ses Mémoires, que sa famille reçut de Charles VII les armes suivantes : *D'argent chargé d'un pal de sable, brochant sur le tout, accosté de deux demi-vols de gueules au chef de gueules. (*Recherche de Chamillart, p. 689).

Les armes données aux Le Pelley du Manoir prouvent qu'on ne les considérait pas comme nobles. Autrement, on se serait servi des armes ci-dessus blasonnées, plutôt que d'aller chercher celles d'une bisaïeule. En admettant qu'ils aient été anciennement nobles, il est probable qu'ils avaient dérogé par le commerce et préféré, aux privilèges, ou plutôt aux charges de la noblesse, de s'enrichir par le commerce maritime. (Voir ce que nous avons déjà dit à ce sujet dans le Tome XII de la *Revue de l'Avranchin*, p. 208).

Les Le Pelley du Manoir, de Pléville et de Fonteny, ont un long article dans l'*Annuaire de la Noblesse* de 1900, p. 204 à 211.

LEPRON DE LA FOSSARDIÈRE

Guillaume-Jacques Lepron de la Fossardière, né à Granville le 29 mai 1761, procureur royal en l'amirauté de Granville, fut anobli par lettres patentes du 14 août 1818.

ARMES. — *Coupé : au I d'or, à l'ancre de sable ; au II d'azur, à la balance d'argent, adextrée d'une tige de lis de même.*

LE ROND (DE GÉVRIE)

Pierre-Jacques Le Rond, né à Granville le 12 juin 1760, négociant armateur et président du Tribunal de commerce de Granville, fut anobli par lettres patentes du 11 novembre 1815.

La veuve de son petit-fils, Pierre-Auguste-Marie Le Rond (1824-1857), fut autorisée, par décret du 1er décembre 1868, pour elle et ses enfants, à ajouter à son nom celui de « Gévrie. »

Cette famille est éteinte dans les mâles.

ARMES. — *Coupé : au I de gueules, au dextrochère d'or, mouvant du flanc dextre du chef de l'écu et tenant une balance du même ; au II d'azur, à une ancre d'argent, entortillée d'un câble de sable.*

LE TELLIER-BLANCHARD

Armand-Louis-Marie Le Tellier, né à Mortain (paroisse du Rocher) le 7 décembre 1782 (fils de Jean-Jacques Le Tellier, directeur des domaines du Duc d'Orléans, et de Françoise-Jeanne Cousin), gendarme de la garde du Roi, lieutenant de gendarmerie, chevalier de la Légion d'Honneur, fut créé chevalier héréditaire par lettres patentes du 17 août 1816. Ayant épousé une demoiselle Le Blanchard du Rozel, il fut autorisé, par ordonnance du 4 septembre 1816, à ajouter à son nom « Blanchard » et à s'appeler ainsi Le Tellier-Blanchard, et non, comme l'ont fait ses descendants, Le Tellier de Blanchard, arrivant même à supprimer complètement le nom patronymique de Le Tellier.

Sur son acte de décès, le 18 octobre 1860, à La Vespière, dans l'arrondissement de Lisieux (Calvados), on le dit : Officier supérieur en retraite, officier de la Légion d'Honneur, médaillé de Sainte-Hélène, veuf de Mme Rozel de Blanchard.

Cette famille Le Blanchard du Rozel ou Rozel de Blanchard, que nous ignorons, n'a rien de commun avec celle des Blanchard, barons de Crennes, à Saint-Pierre-Tarentaine, dans l'arrondissement de Vire (Calvados). Ces derniers Blanchard n'avaient ni l'article *Le*, ni la particule *de,* devant leur nom. La dernière baronne de Crennes fut notre aïeule maternelle : Mélithe Blanchard de Crennes (1787-1864), dame Armand de Cussy de Vouilly (voir notre article sur *Le Maréchal de Camp, marquis de Saint-Vast*, et particulièrement la note 1 des pages 232 et 233 du Tome IX de la *Revue).*

Charles-Louis-François Le Tellier-Blanchard, fils du précédent, né à Mortain le 16 février 1814, fut colonel de gendarmerie en 1861 et général de brigade en 1868, commandeur de la Légion d'Honneur.

ARMES : Le règlement d'armoiries pour le premier Le Tellier-Blanchard a été : *d'azur, à trois croissants d'argent. 2, 1.*

Ce sont exactement les armes des Blanchard de Crennes et Blanchard de la Buharaye (1), en Bretagne, aussi d'origine normande (2).

Pour les Le Tellier-Blanchard, cela prouverait donc une fois de plus, comme nous en avons déjà donné maints exemples, que la similitude des armes ne signifie absolument rien comme preuve de communauté d'origine.

MÉQUET

Hugues-Olivier Méquet, né à Granville le 11 septembre 1762, capitaine de vaisseau en 1814, officier de la Légion d'Honneur, chevalier de Saint-Louis, fut créé baron héréditaire par lettres patentes du 16 décembre 1815. Il épousa Mlle de Traon (en français du Val), de Kerquidan, dont les deux fils qui suivent :

1° Adolphe, baron Méquet, inspecteur général des Ponts et Chaussées, officier de la Légion d'Honneur, né en 1805, marié à Avranches, le 10 juin 1864, à Mlle Le Bourlier ; sans postérité.

2° Eugène Méquet, baron Méquet, né à Cherbourg le 23 septembre 1812, fut confirmé dans le titre de baron héréditaire par décret impérial du 6 mai 1865. Il termina sa carrière maritime comme vice-amiral, commandant en chef, préfet maritime, à Brest, grand-officier de la Légion d'Honneur, et prit sa retraite à Mortain où il mourut, le 3 janvier 1887, veuf de Charlotte Millet, fille du général Millet, baron de l'Empire, et de Mlle Toëpffer, dont deux filles.

ARMES : *D'azur à une mer d'argent, chargée à dextre de deux îles de sinople, d'où s'éloigne un vaisseau de 74 canons au naturel, sous toutes ses voiles, et voguant à sénestre ; au chef d'or chargé d'une épée de sable, posée en pal.*

---

(1) La Buharaye, à Plesder, dans l'arrondissement de Saint-Malo, canton de Tinténiac (Ille-et-Vilaine).

(2) Cela se voit dans leur article de l'Armorial général de d'Hozier, sixième registre.

REGNOUF

Marc-Valentin-François Regnouf (1778-1843), né à Avranches, maire de Vains (1813), sous-préfet, député de la Manche (1813-20-27), chevalier de la Légion d'Honneur, fut anobli par lettres patentes du 22 juin 1816. Il épousa, en 1803, Mlle Payen de Chavoy. Ils acquirent à Avranches, en 1842, la maison située au N° 11 de la rue Sauguière, aujourd'hui rue Louis-Millet.

Magny dit, dans le deuxième volume de son *Nobiliaire de Normandie*, p. 492, que Jean de la Bellière, seigneur de Vains, avait fait donation de cette seigneurie, le 17 juin 1781, au père de Marc-Valentin Regnouf, lequel ajouta à son nom celui de Vains, en vertu de cette donation.

Tout ne semble pas parfaitement exact dans ces assertions.

En 1789, le seigneur de la paroisse de Vains-sous-Avranches était Marc-Antoine de la Bellière, chevalier de Saint-Louis (Catalogue des Gentilshommes de Normandie ayant pris part aux Assemblées de la Noblesse pour l'élection des députés aux Etats-Généraux, par MM. Louis de la Roque et Edouard de Barthélemy, p. 41).

Sur la Liste des biens des émigrés dans l'Avranchin, en 1792, que nous avons publiée dans le Tome XV des *Mémoires*, on trouve Regnouf, à Vains, mais pour du mobilier seulement (p. 206-207).

A quelle époque les Regnouf ajoutèrent-ils à leur nom celui de *de Vains?* Dans la *Maison de Lancesseur et ses Manuscrits,* par du Temps, on trouve plusieurs copies d'actes qui vont nous éclairer sur ce point. Aux tables, M. du Temps écrit toujours Regnouf de Vains, mais il n'en est pas ainsi dans les textes, pour commencer :

P. 128-129

Acte de naissance, le 13 juin 1829, d'Ernestine de Lancesseur.
On cite comme témoin :
Marc-Valentin-François Regnouf, âgé de 50 ans, chevalier de la Légion d'Honneur, sous-préfet de la ville d'Avranches, oncle paternel de l'enfant (1).
Il signe simplement Regnouf.

---

(1) Gabriel de Lancesseur, son aïeul, et ledit Regnouf, avaient épousé les deux sœurs Payen de Chavoy.

P. 129-130

Acte concernant Esther de Lancesseur, née le 23 novembre 1832. On dit que les cérémonies du baptême ont été suppléées par M. l'abbé Regnouf.

Signatures : Amédée Regnouf, prêtre (fils aîné de l'anobli) ; E. (Edouard) Regnouf (second fils dudit anobli) ; Regnouf.

P. 135

Le 4 octobre 1836, ont été suppléées les cérémonies du baptême, pour Henri de Lancesseur, né à Vains, le 18 juillet 1836.

A signé : Regnouf, née de Payen (femme de l'anobli).

P. 130-131

Le 15 novembre 1853, le curé de Vains donne, en son église, la bénédiction nuptiale à M. Joseph-Charles-Aubin de la Messuzière, et Demoiselle Esther-Henriette-Marie de Lancesseur, en présence de M. Alban Regnouf (1806-1858), lieutenant de vaisseau (démis-sionnaire).

Ont signé : Regnouf ; Regnouf de Vains.

Ainsi, en 1853, le curé de Vains appelle encore le propriétaire du Manoir, simplement Regnouf, mais on remarque deux signatures : Regnouf et Regnouf de Vains.

P. 136-137

Le 11 décembre 1866, bénédiction nuptiale donnée, en l'église de Chanteloup, à Henri de Lancesseur et Célinie Boudier de la Valleinerie.

A signé : E. Regnouf de Vains (Eudoxe Regnouf de Vains, fils aîné d'Alban).

P. 139

Le 23 avril 1868, ont été suppléées les cérémonies du baptême pour Camille de Lancesseur, né et ondoyé à Vains, le 26 janvier 1868.

Ont signé : E. Regnouf de Vains, née de Saint-Jean ; M. Regnouf de Vains ; L. Regnouf de Vains ; Cl. Regnouf de Vains ; A. Regnouf de Vains.

Ces signatures sont celles de Mme Alban Regnouf de Vains, veuve, née Elisabeth Le Prevost de Saint-Jean, et de ses enfants : Max, Ladislas, Clarence et Alban Regnouf de Vains.

On voit donc que l'anobli et sa compagne ne prenaient que le nom de Regnouf, et que leur fils Alban et les enfants de celui-ci y ajoutè-rent le nom de *de Vains*.

En 1888, le Manoir de Vains-sous-Avranches et la ferme y attenant, furent cédés par l'un de ceux-ci (Alban), à M. Prosper Marie, propriétaire à Agneaux, près Saint-Lo ; le complément de ce qu'il y possède, deux ans plus tard.

Alexandre Regnouf (1832-1891), fils d'Edouard Regnouf et d'Alexandrine Godard d'Isigny (1), et petit-fils de l'anobli, ne prit jamais d'autre nom, quoiqu'en dise Magny.

Cependant il possédait la terre, aussi du nom de Vains, à Picauville, dans l'arrondissement de Valognes, canton de Sainte-Mère-Eglise. Cette terre a été vendue après sa mort, par ses héritiers, à M. d'Aigneaux.

ARMES : *D'azur, au chevron d'or, accompagné en chef de trois étoiles d'argent, rangées en fasce, et, en pointe, d'un croissant du même.*

YSET

Louis-François Yset, né à Granville le 15 juillet 1776, sous-contrôleur de la Marine, fut anobli par lettres patentes du 29 juin 1819.

ARMES : *De gueules à la bande d'argent, accompagnée de six roses du même posées en orle.*

A. DE TESSON.

---

(1) Devenue veuve, Mme Edouard Regnouf, née Alexandrine Godard d'Isigny, se remaria à M. Jules Bouvattier (1808-1884), maire, sous-préfet et député d'Avranches.

TABLES ALPHABÉTIQUES

EMPIRE

RESTAURATION

280

www.ingramcontent.com/pod-product-compliance
Lightning Source LLC
Chambersburg PA
CBHW061350050726

47595CB00005B/2161